D1621558

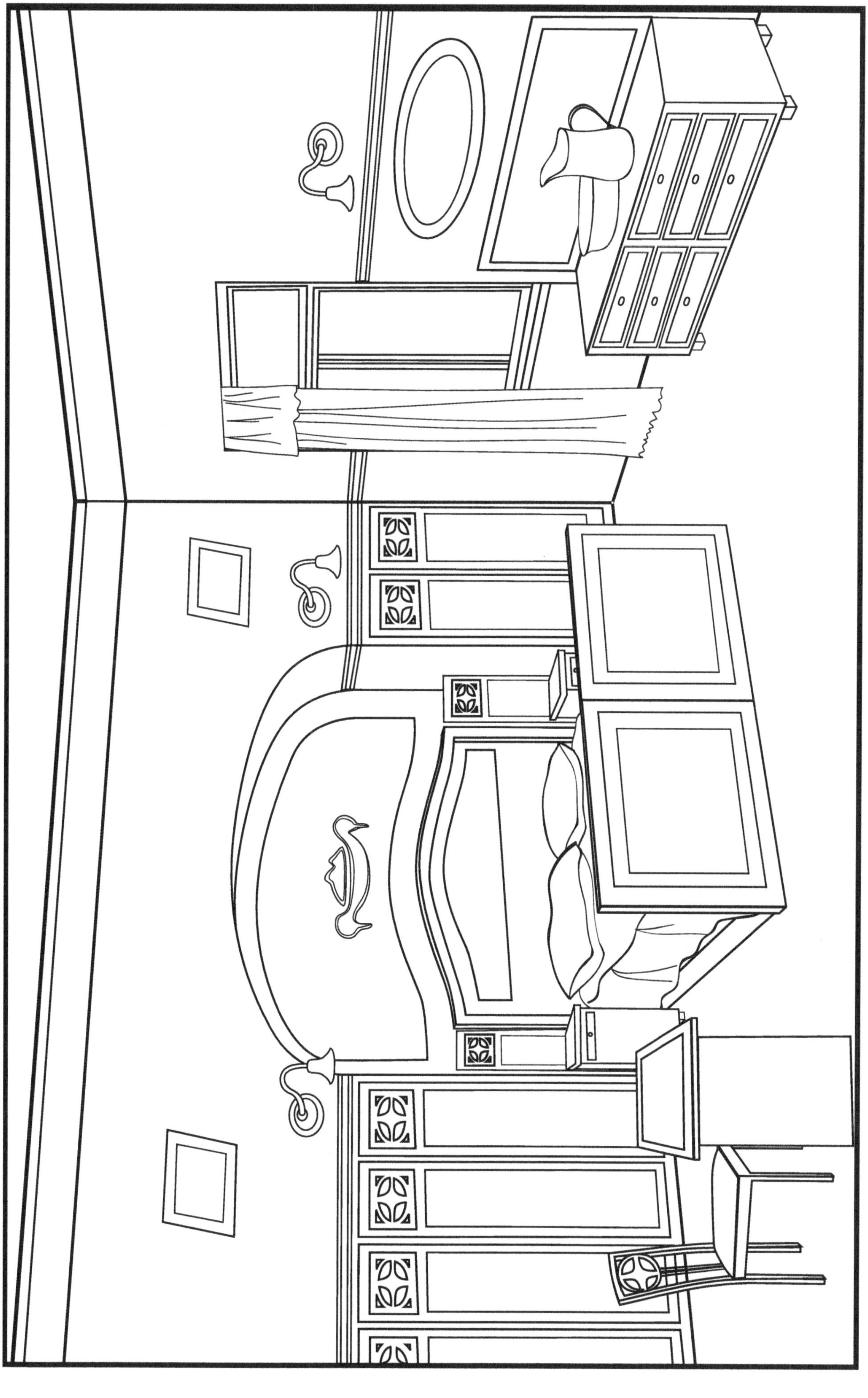

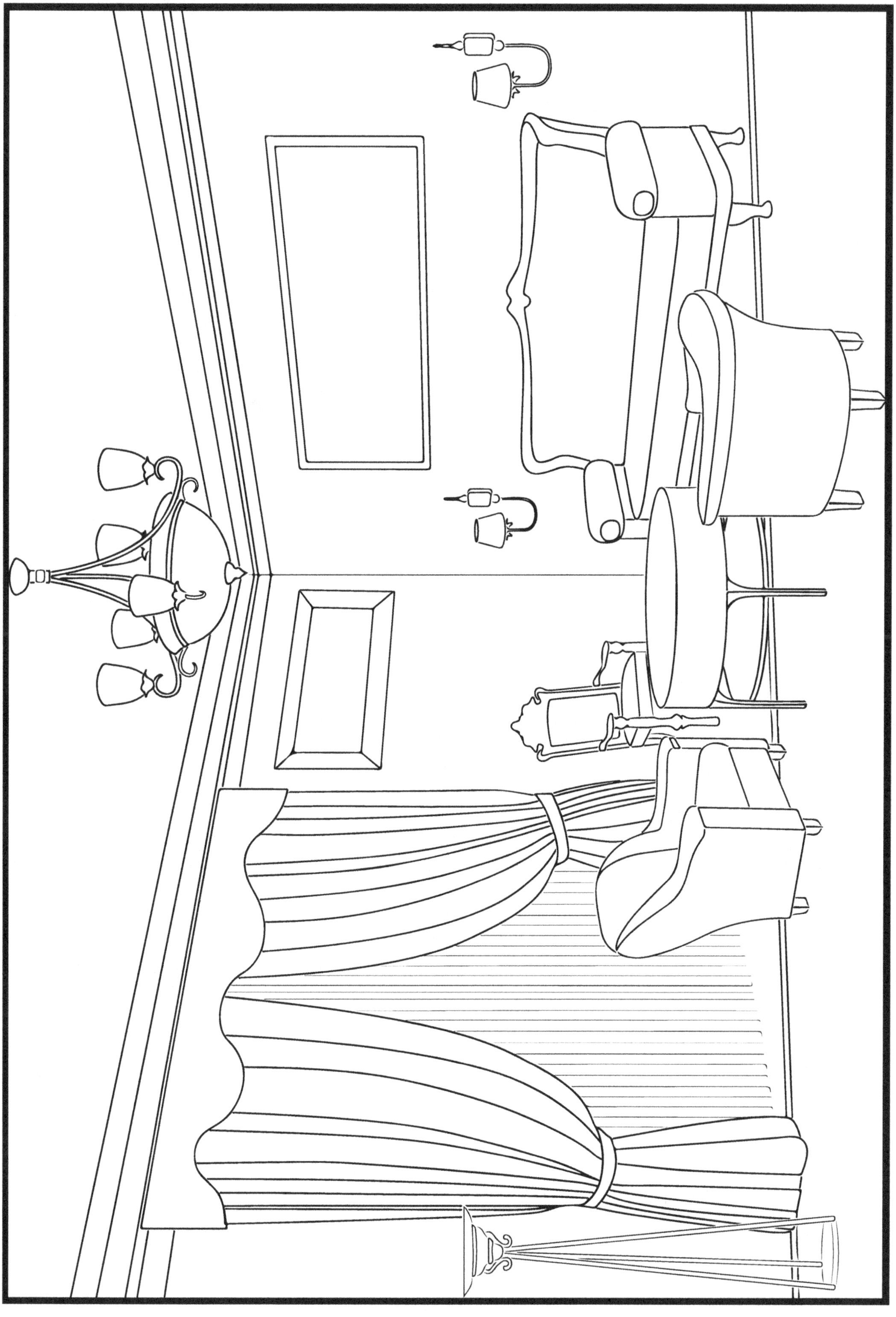

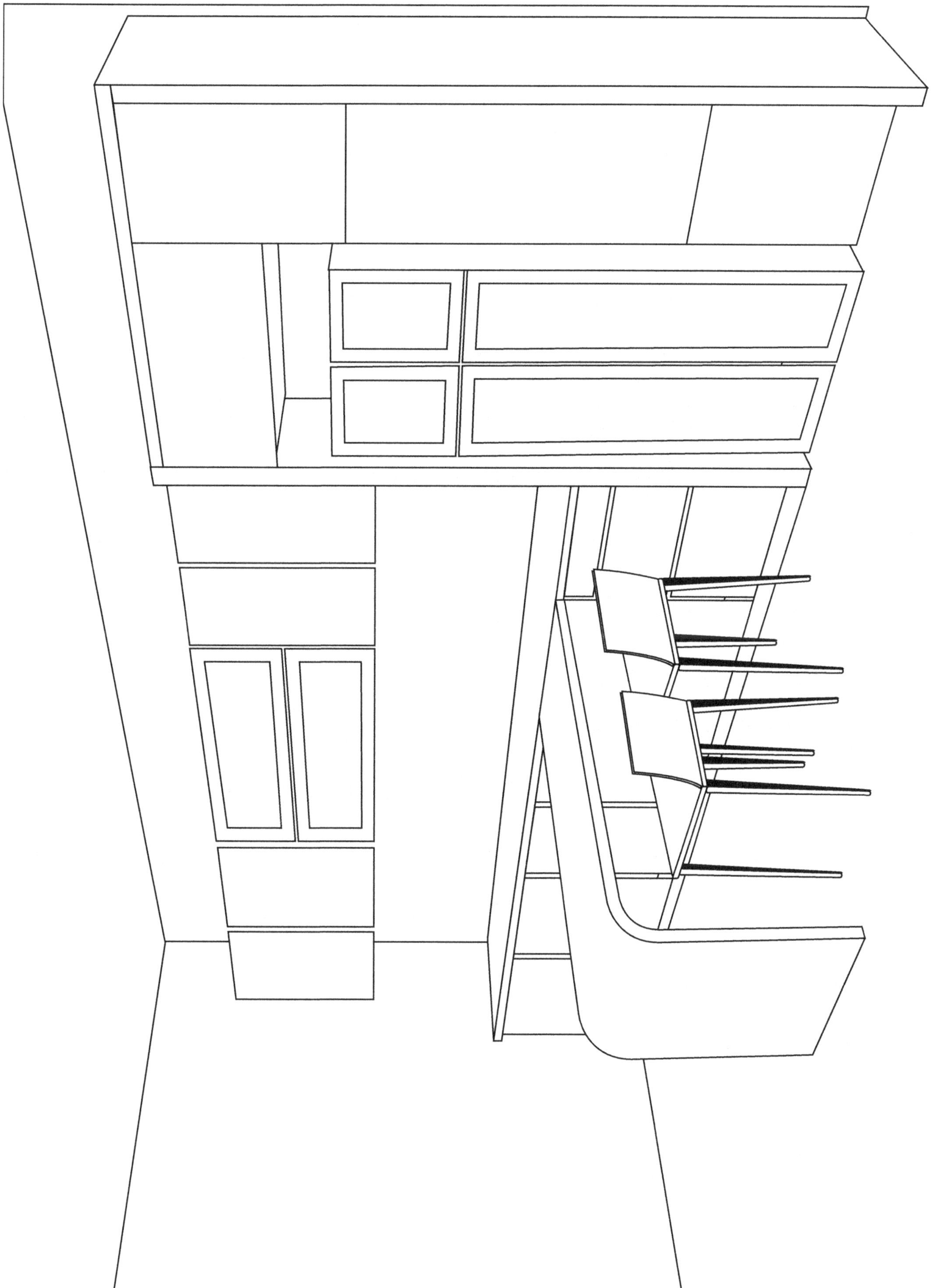

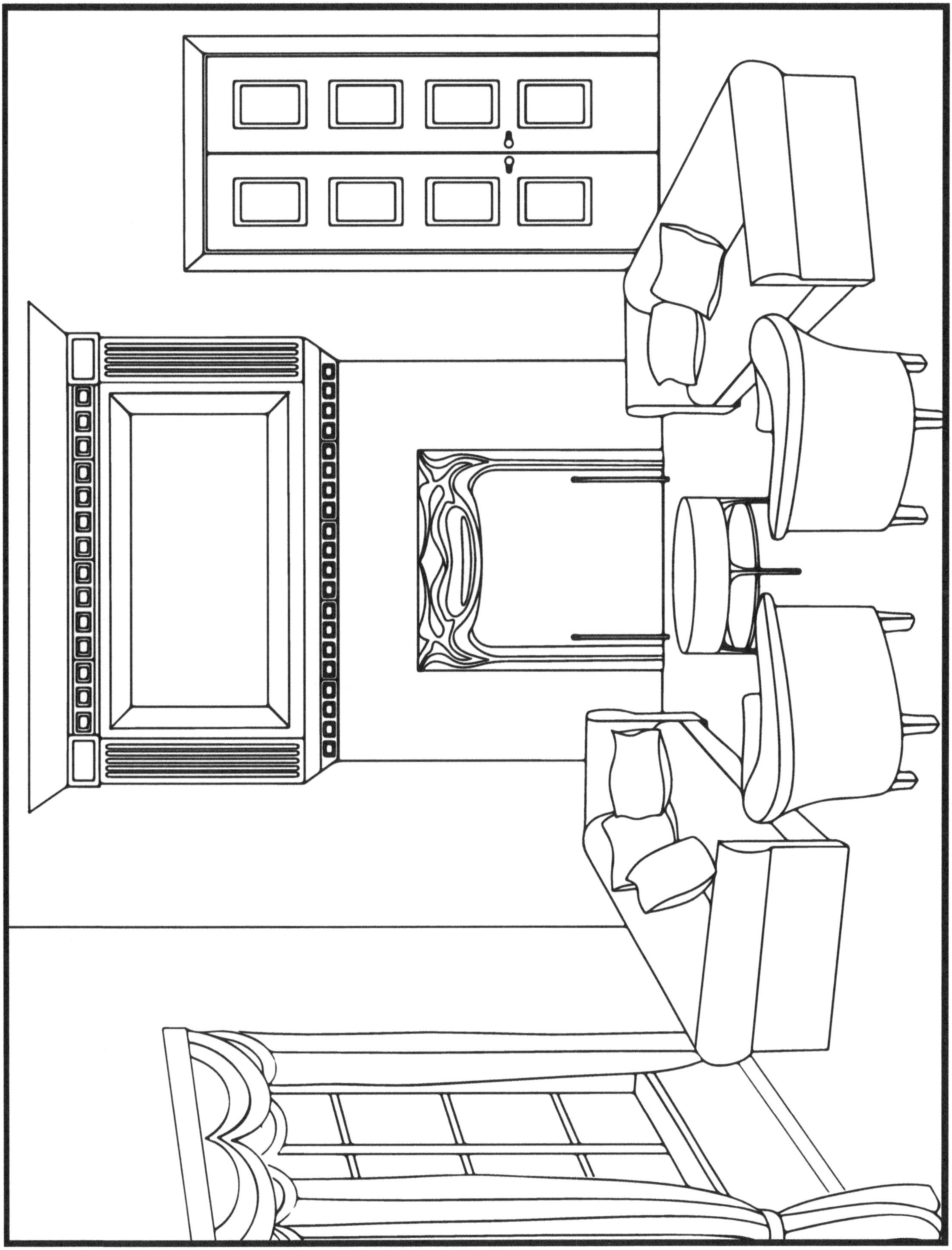

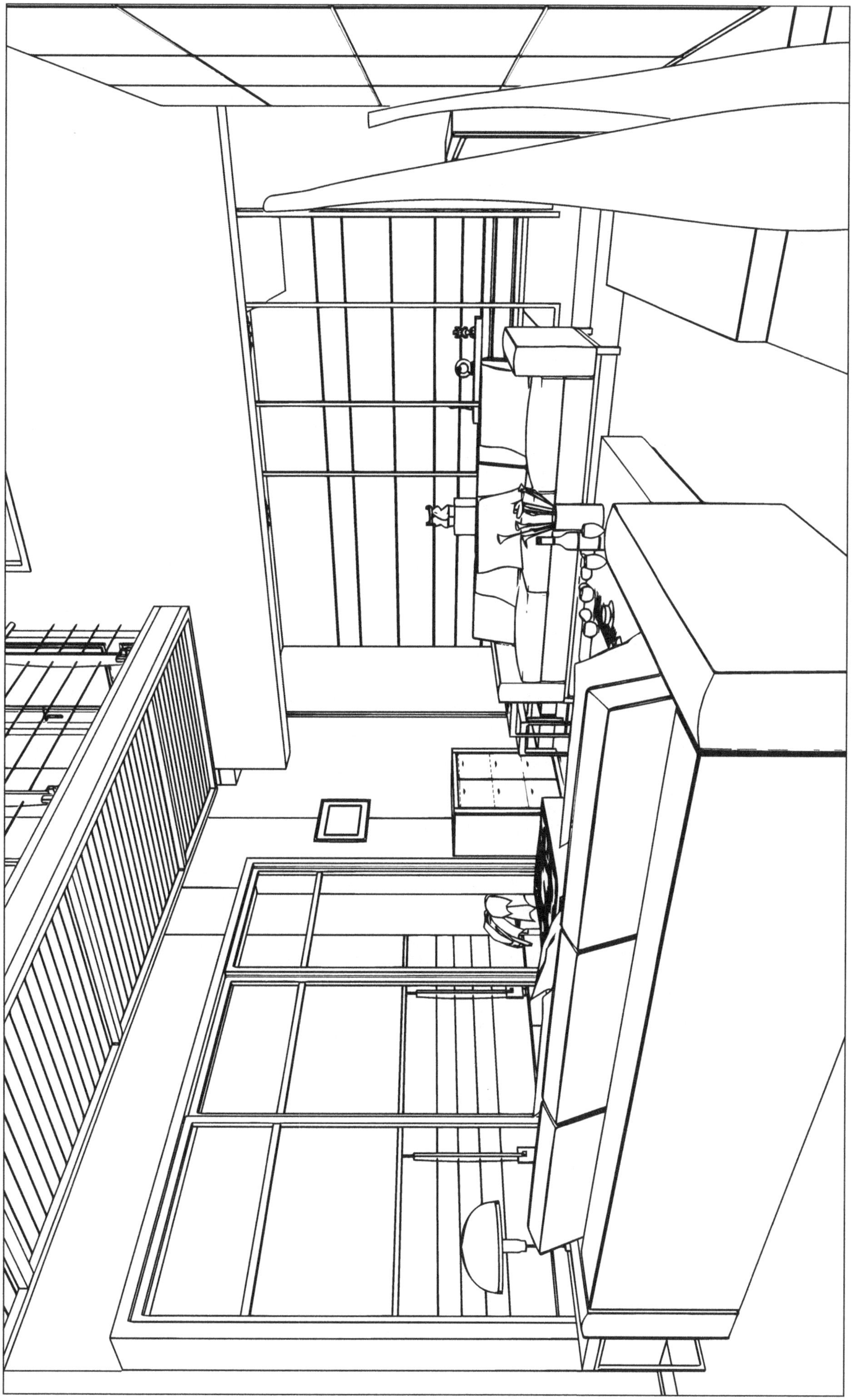

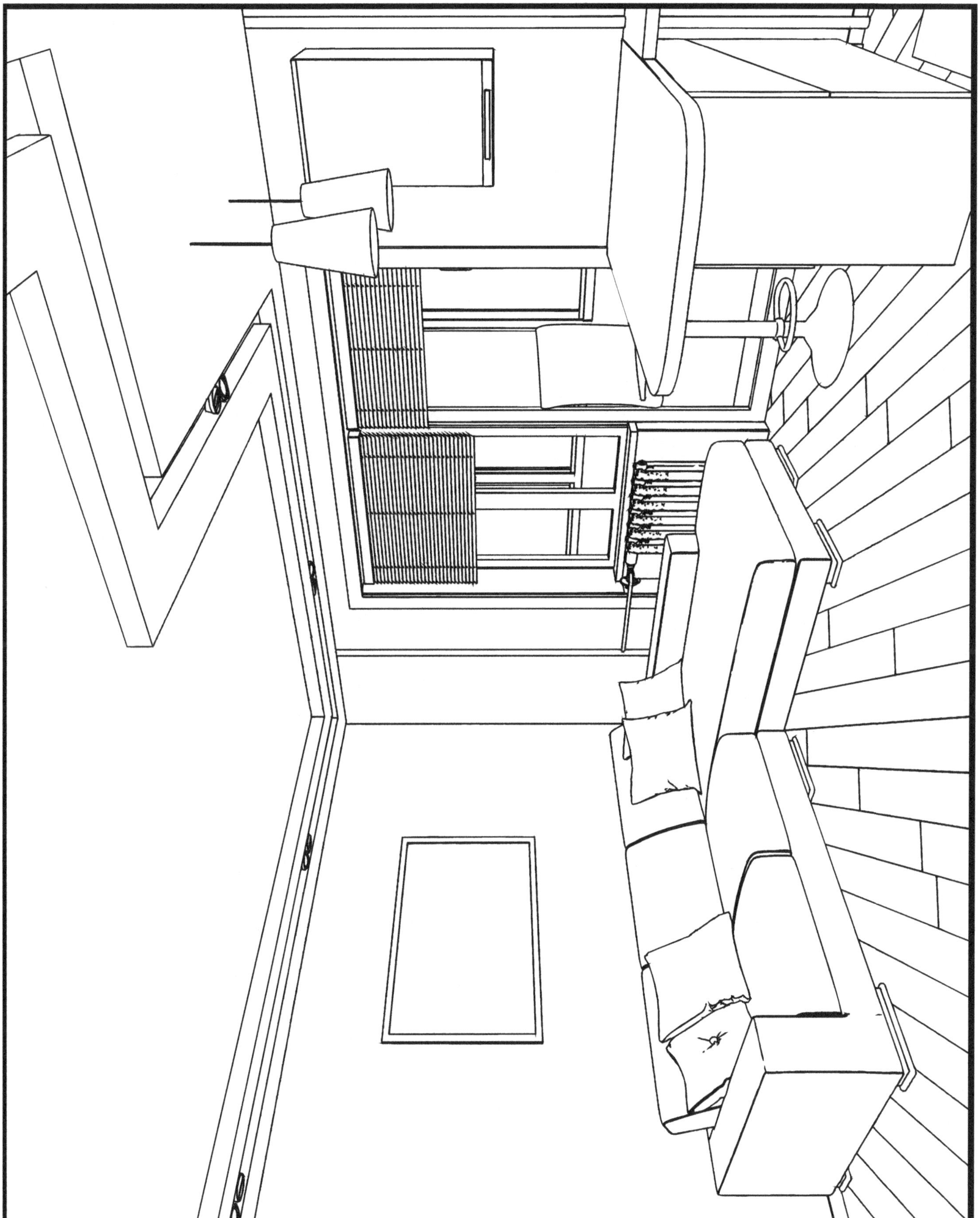

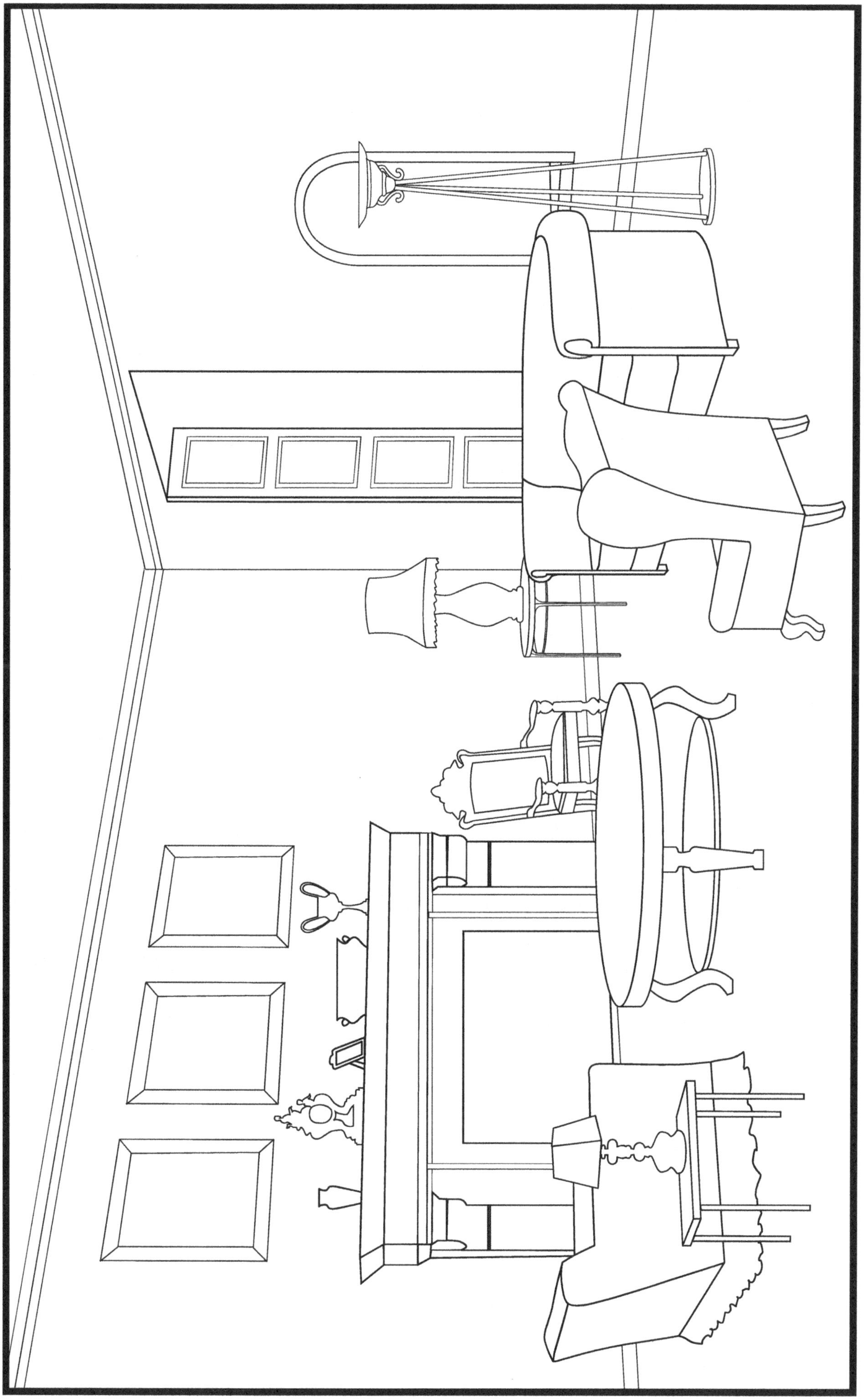

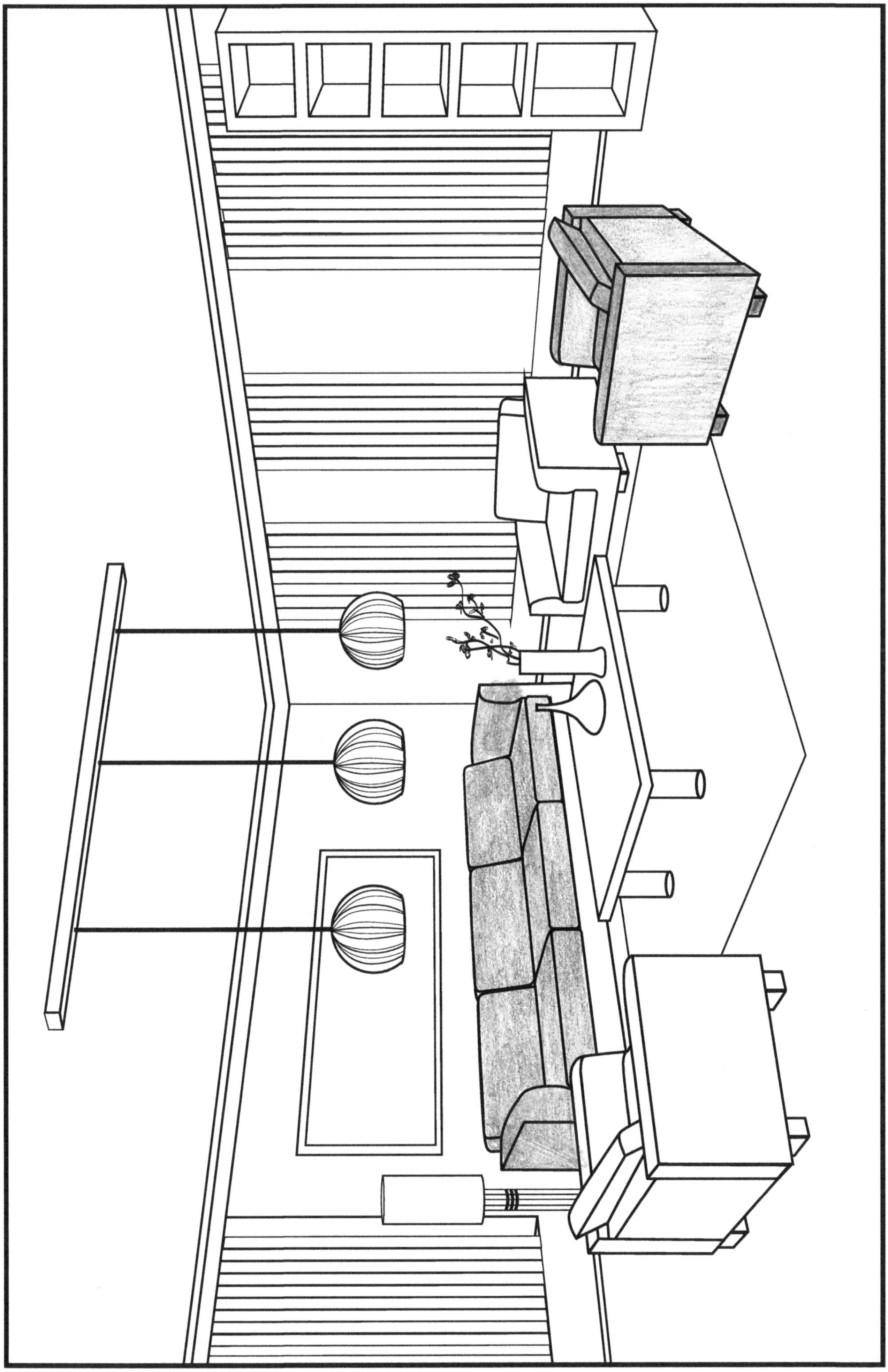

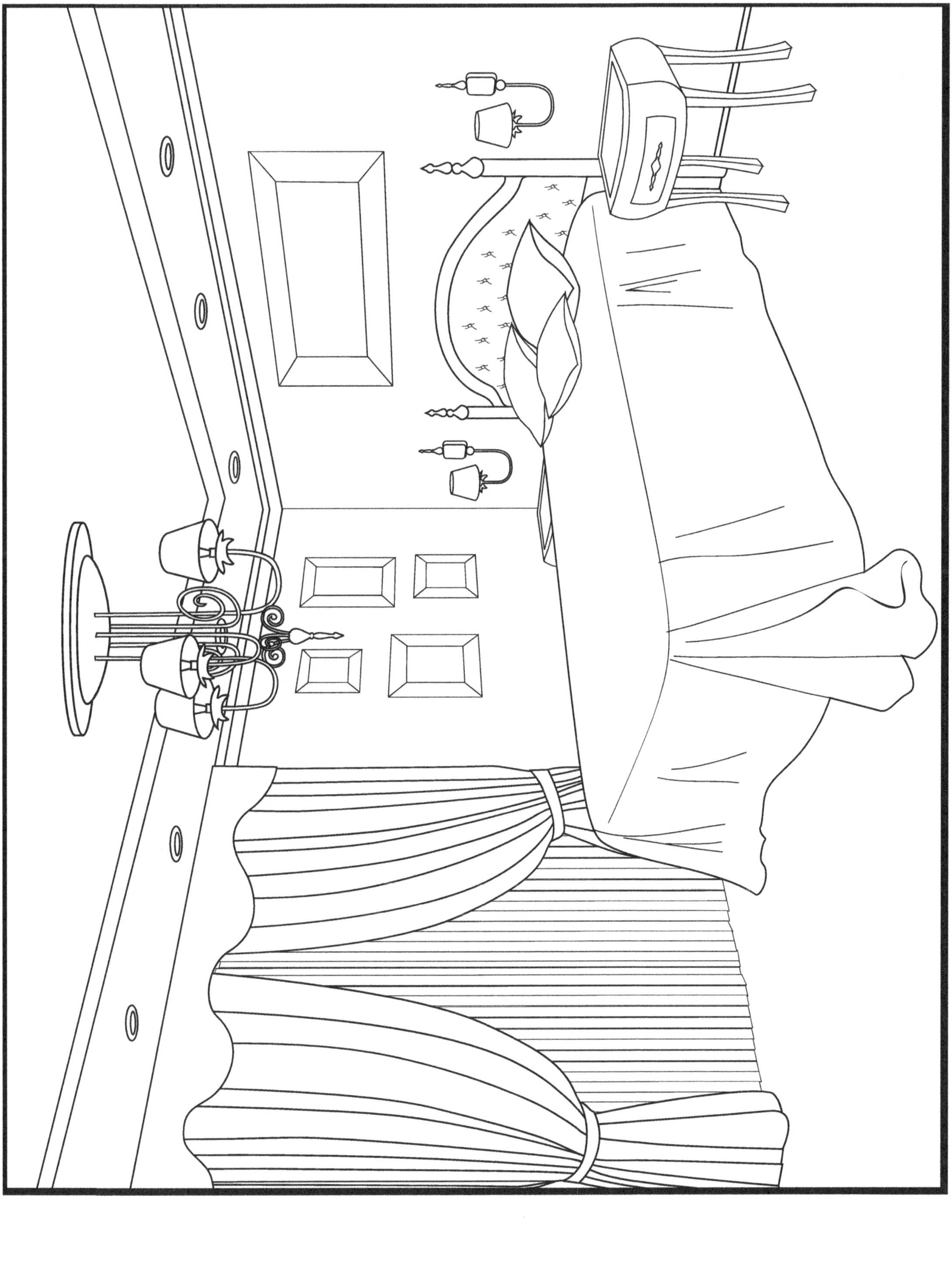

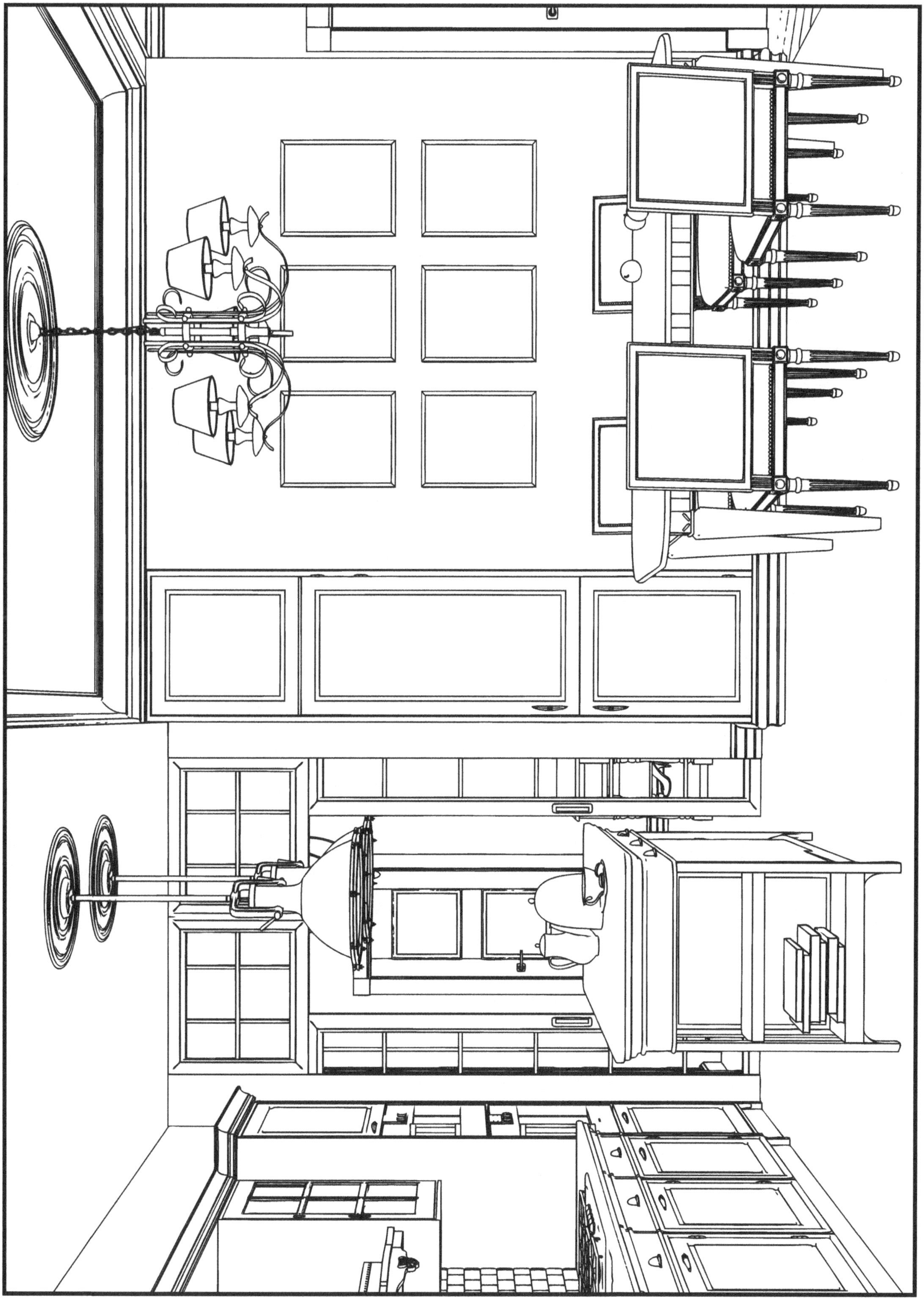

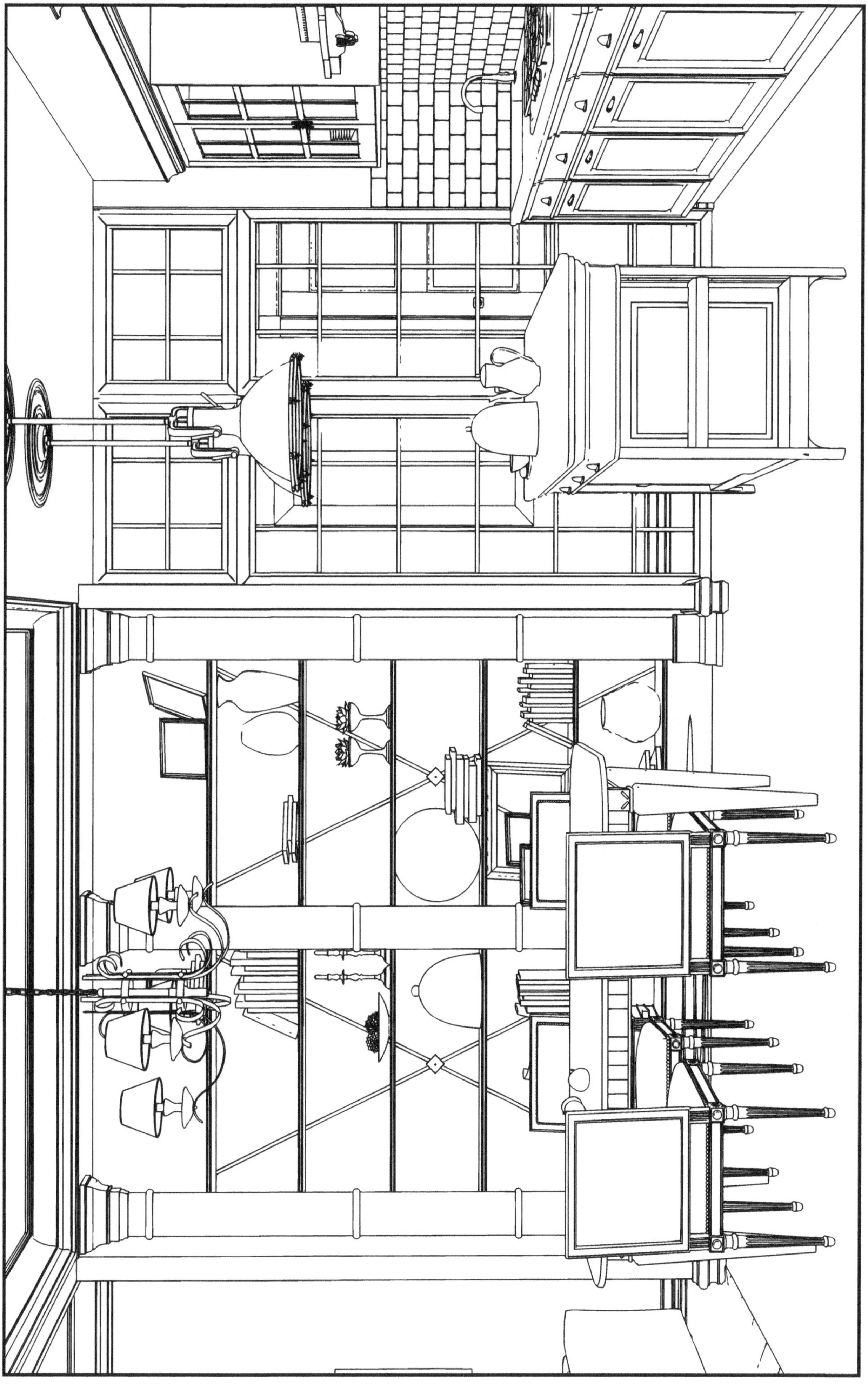

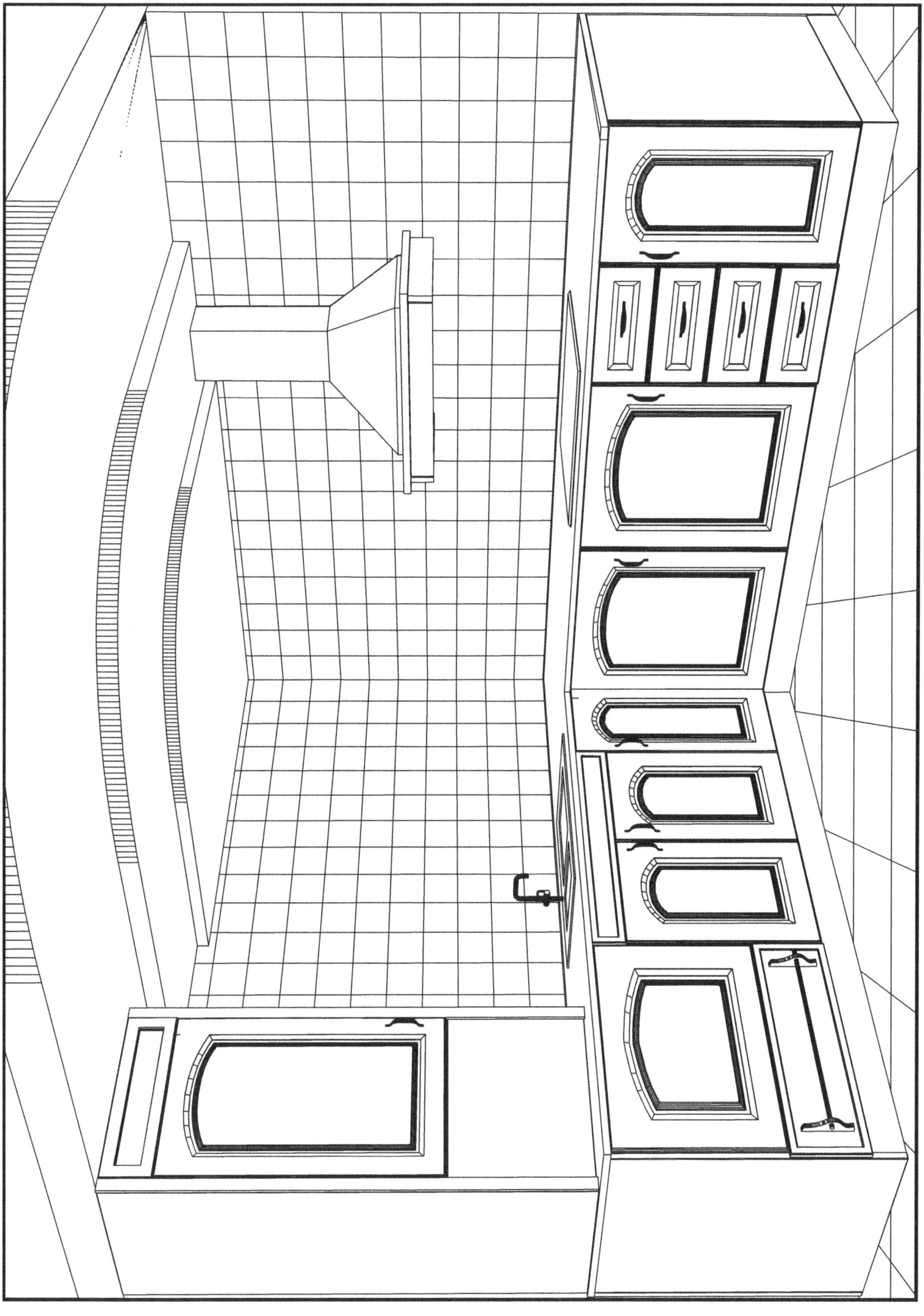

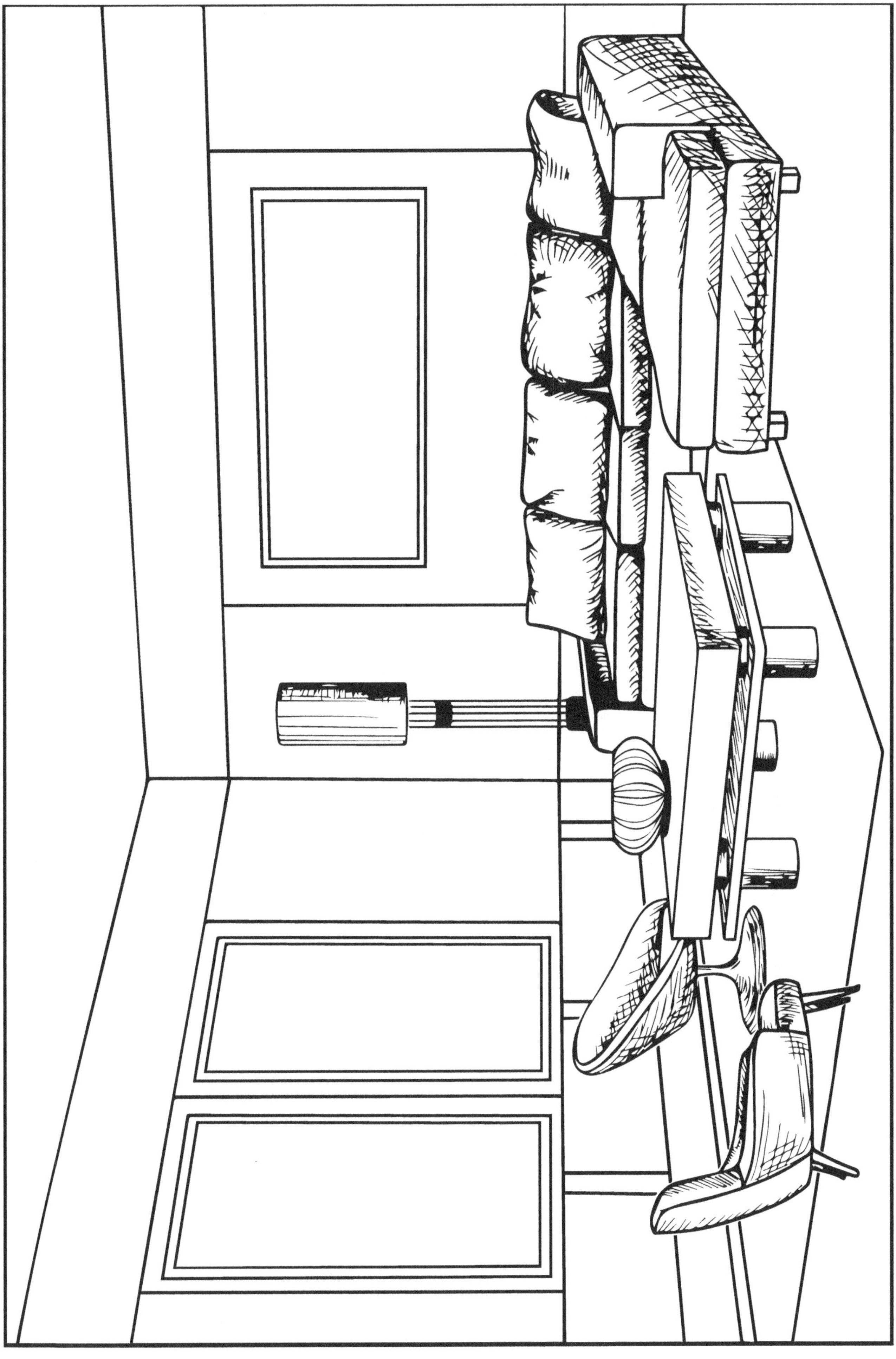

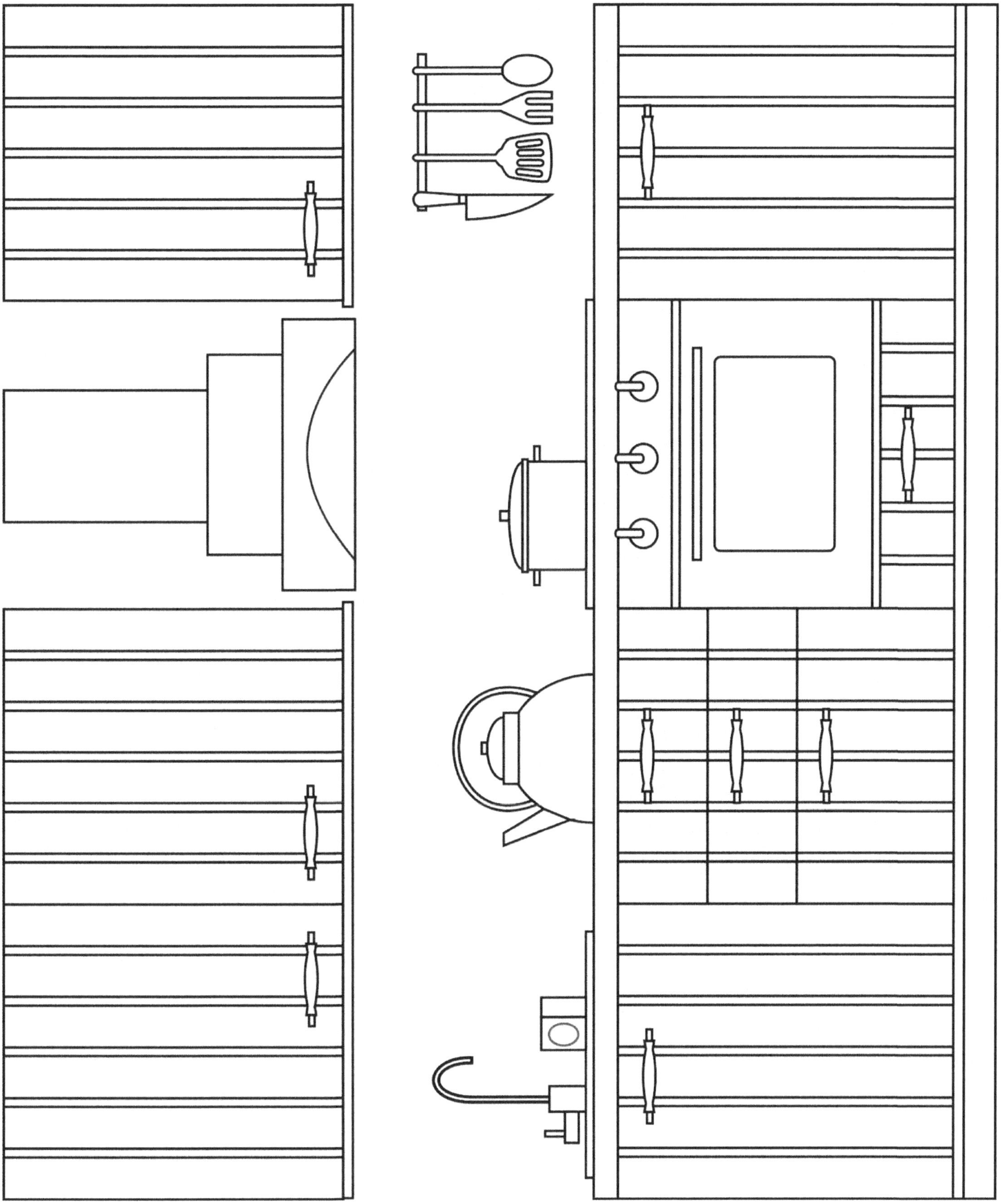

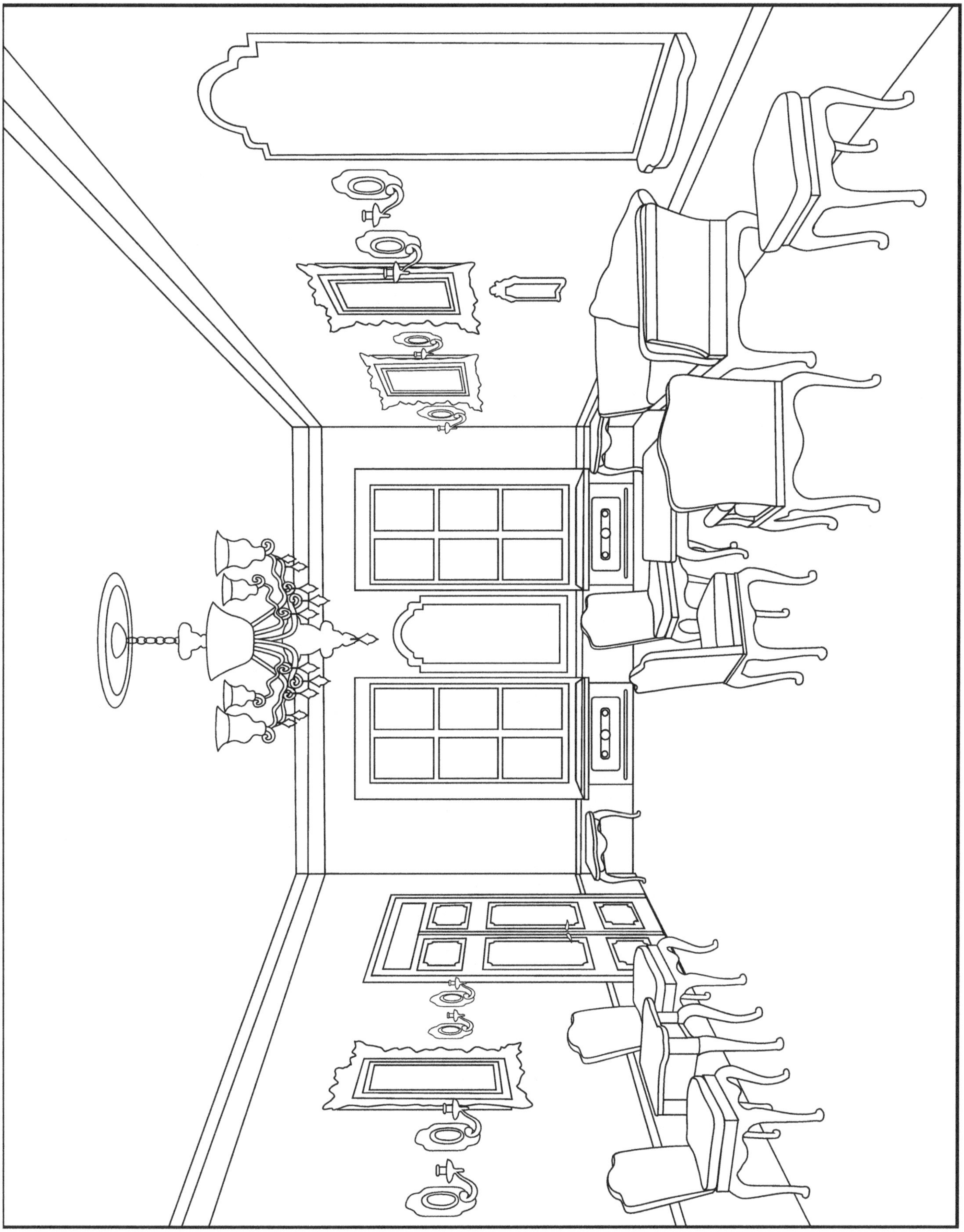

UFO

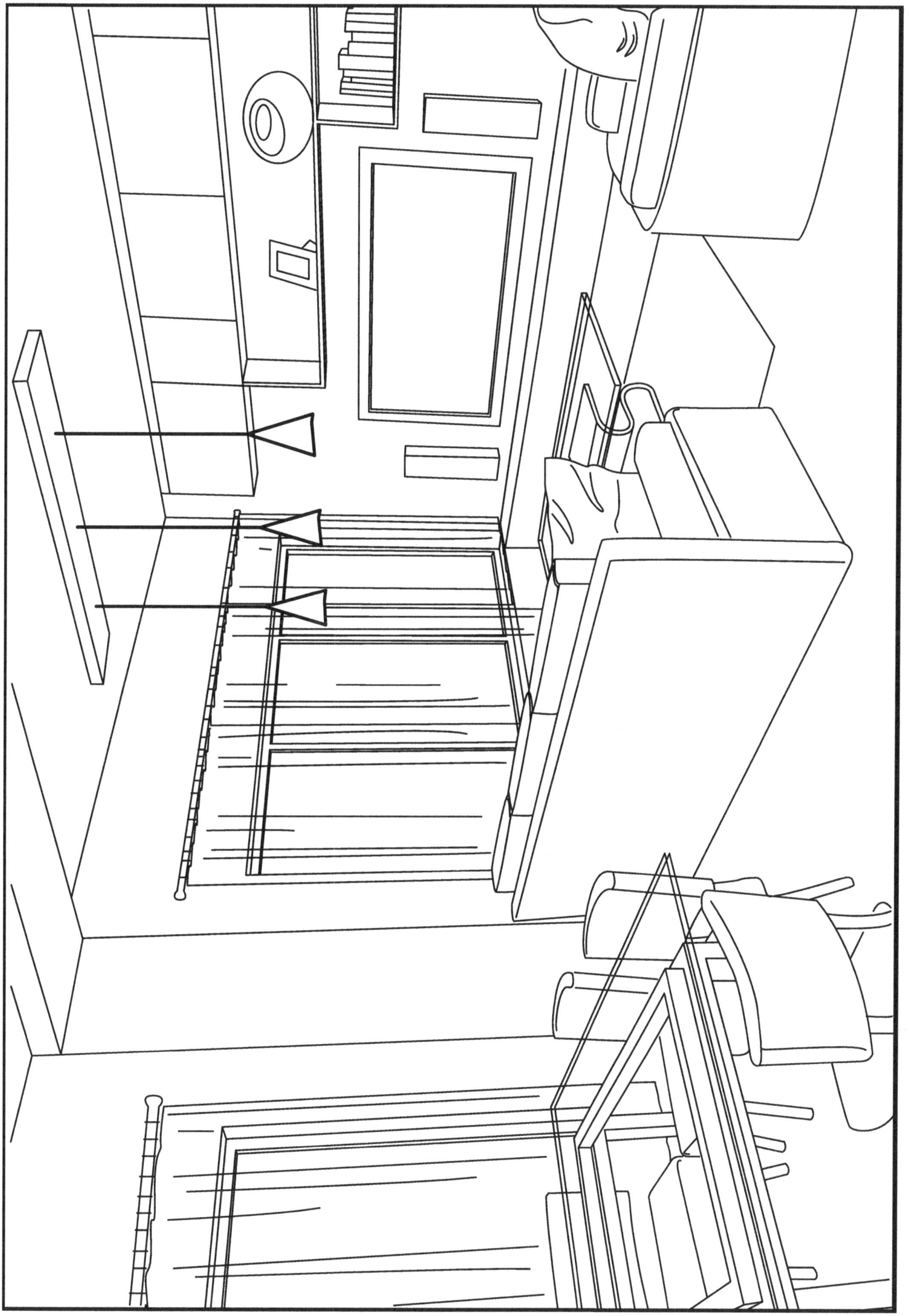

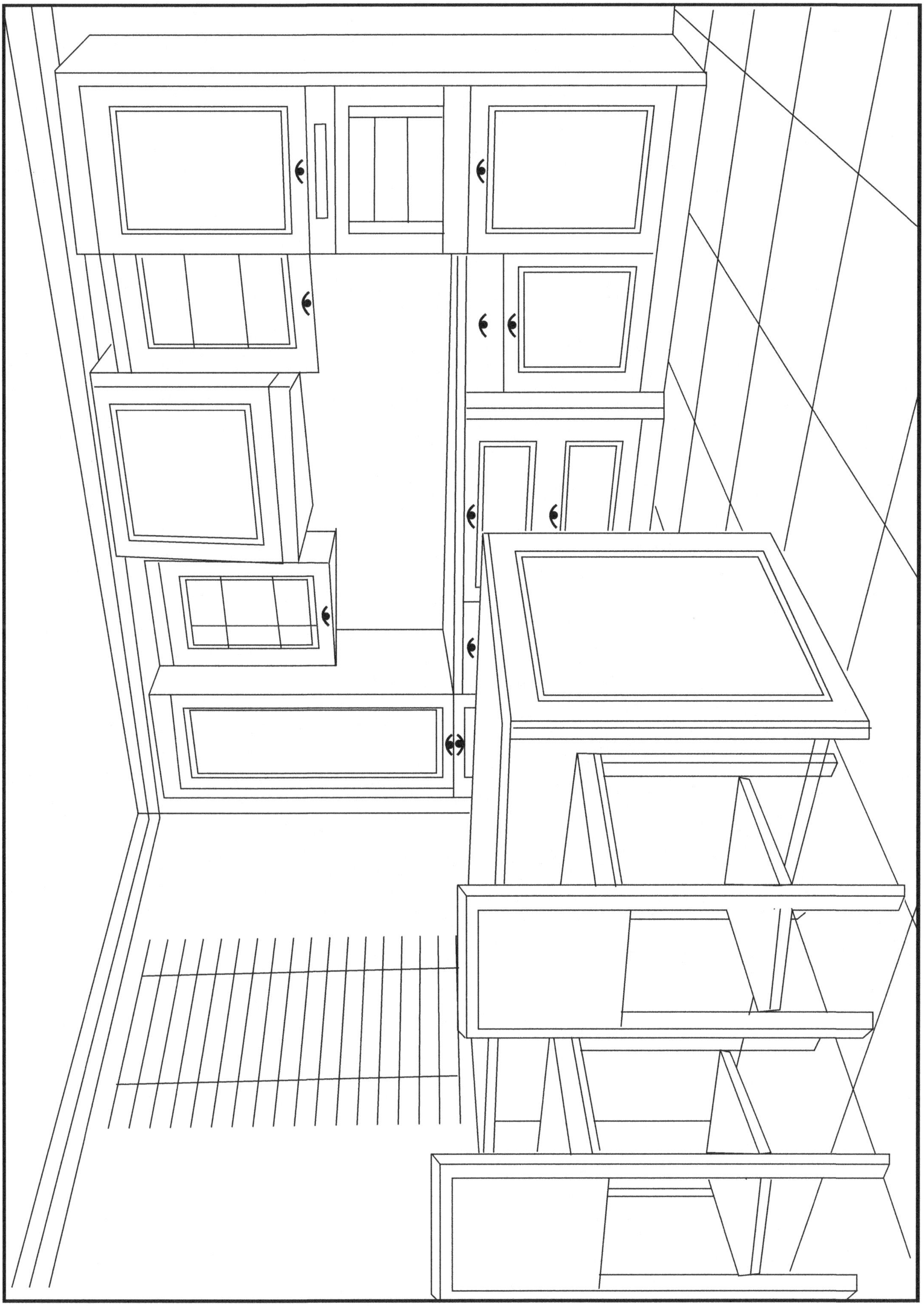

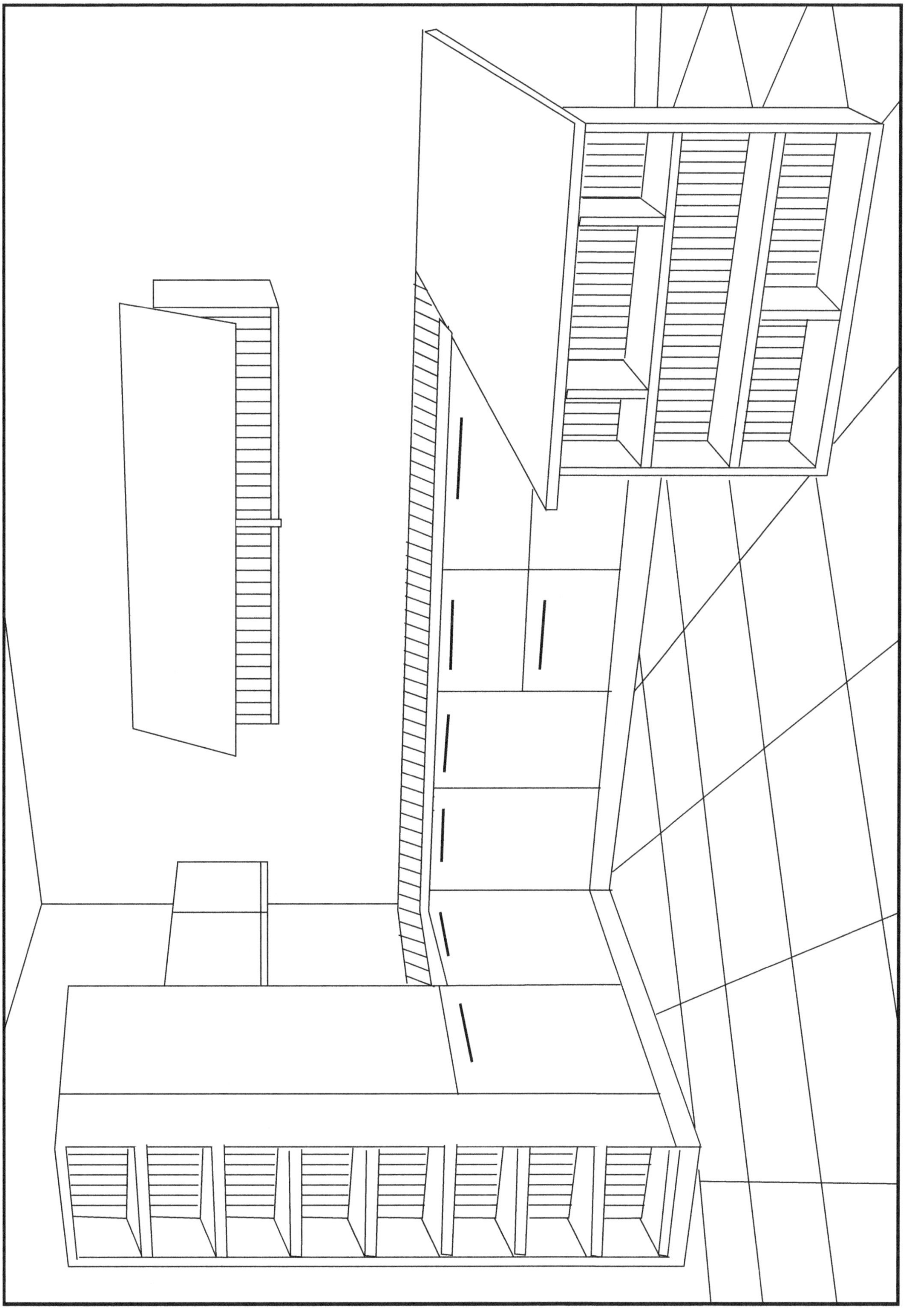

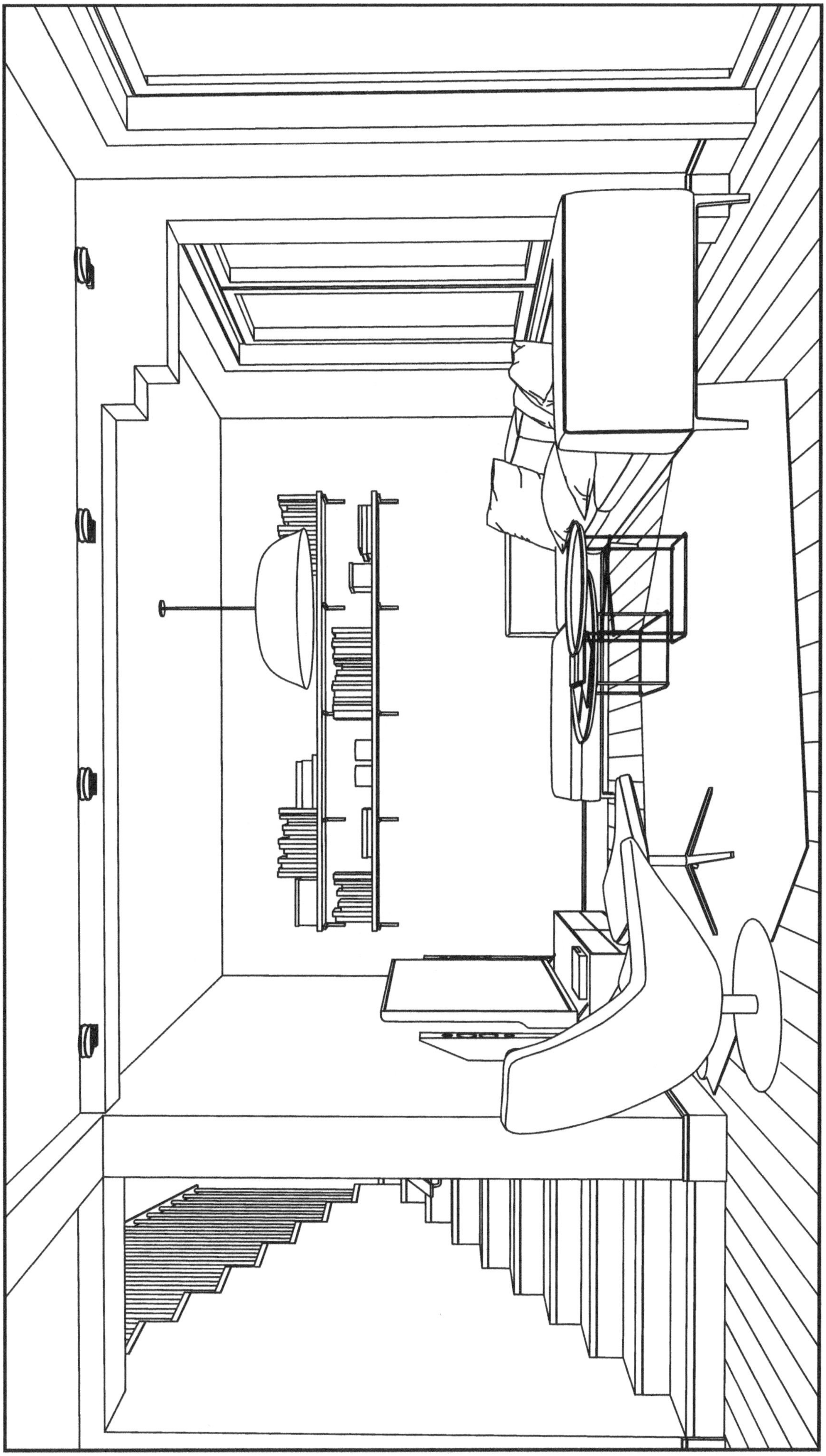

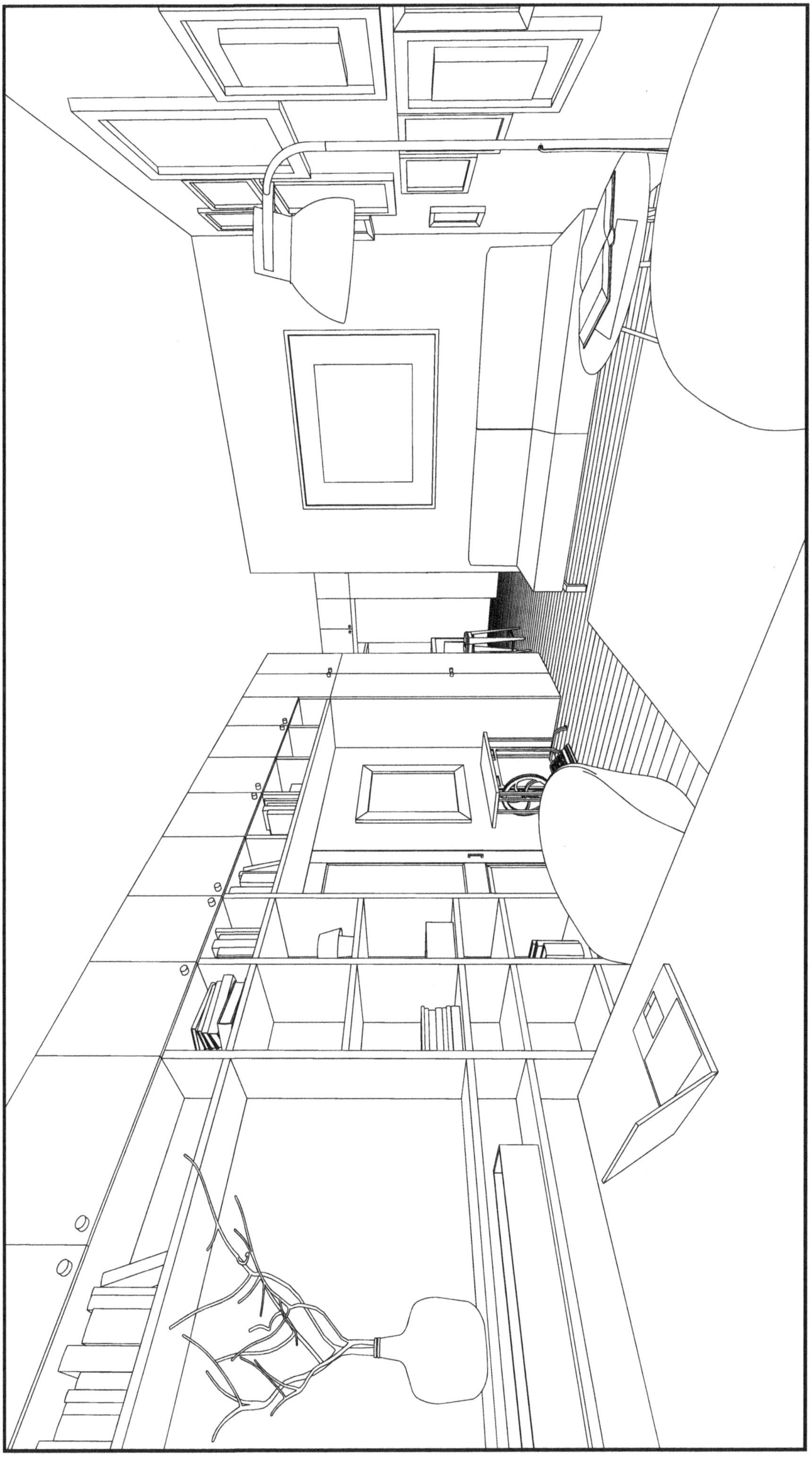

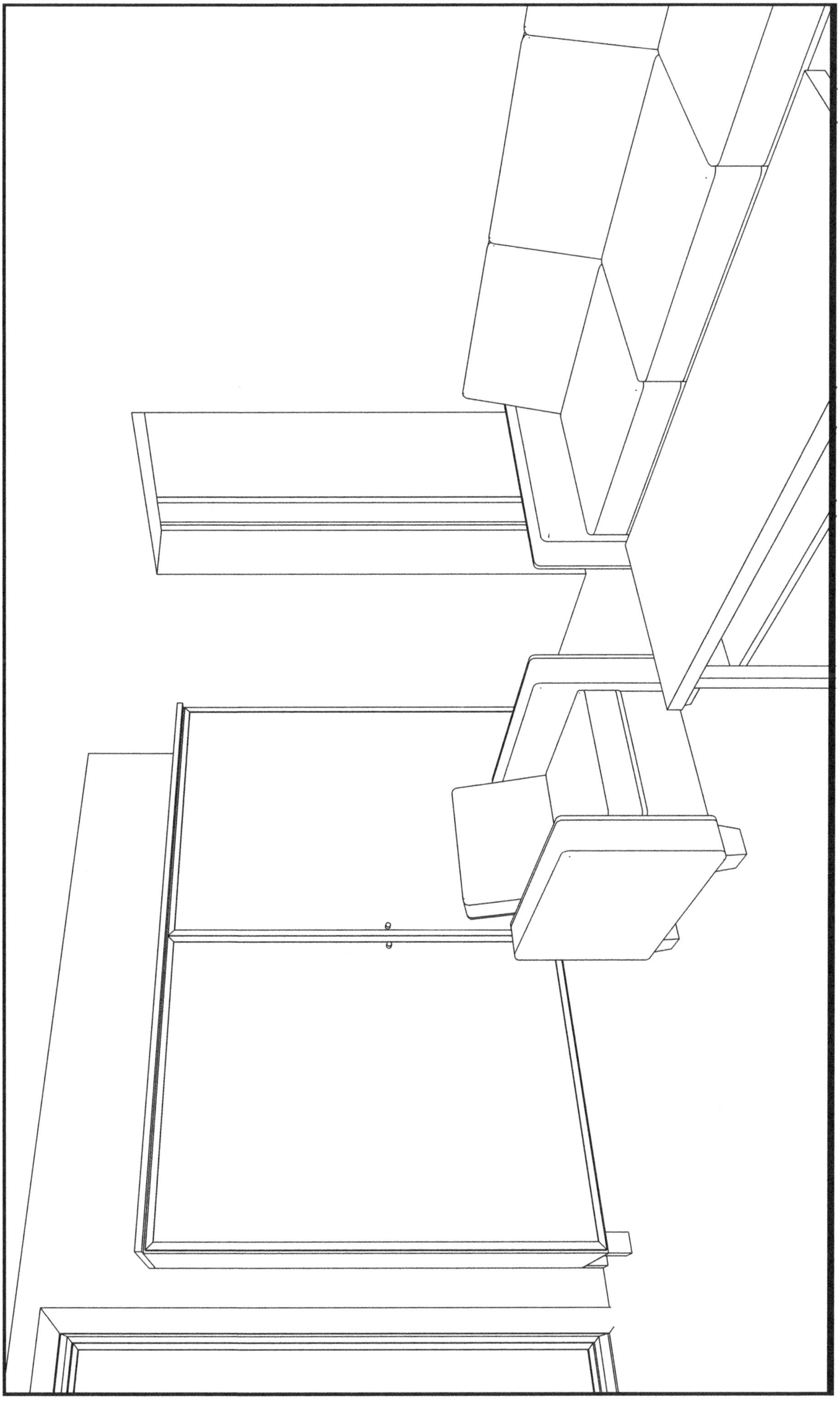

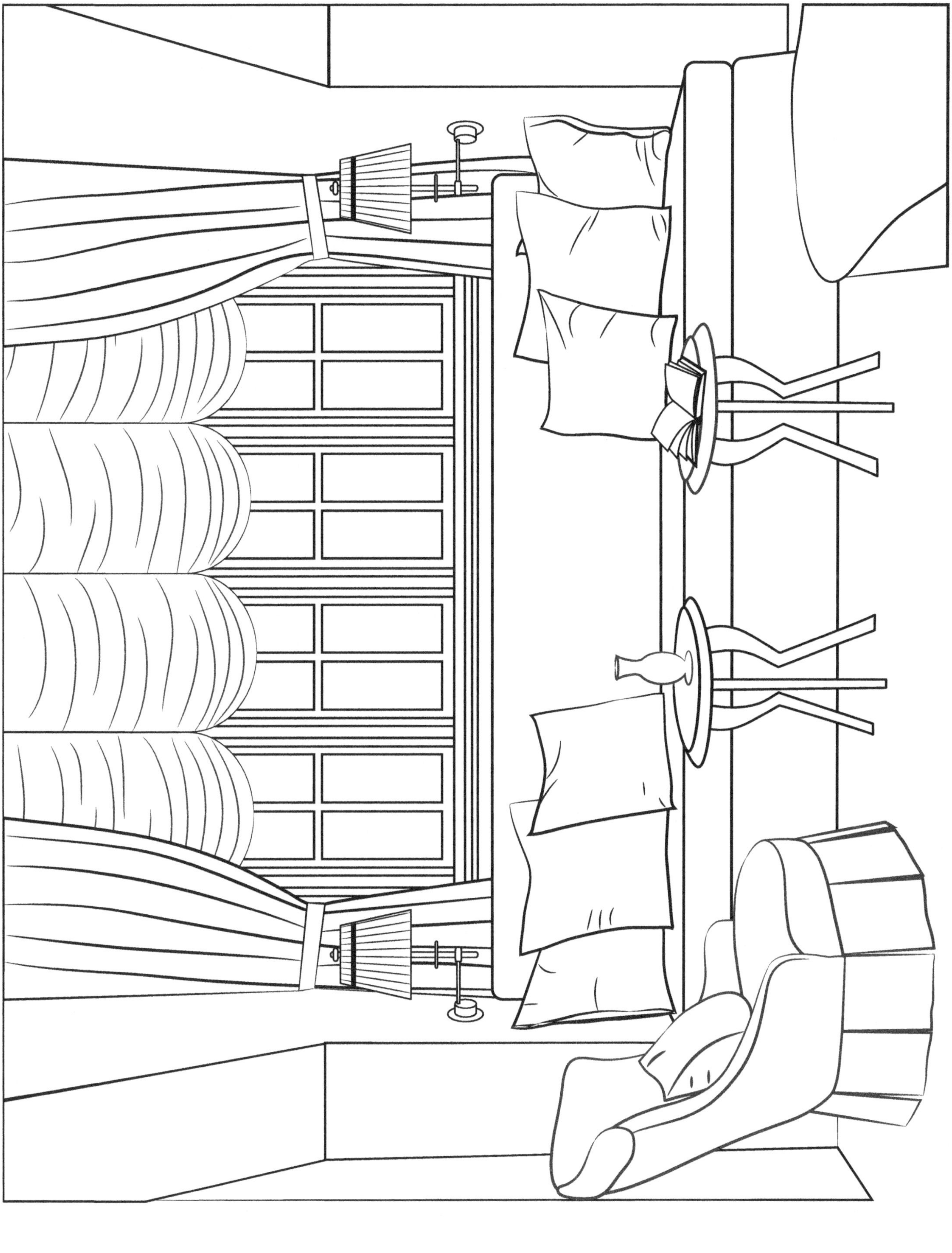

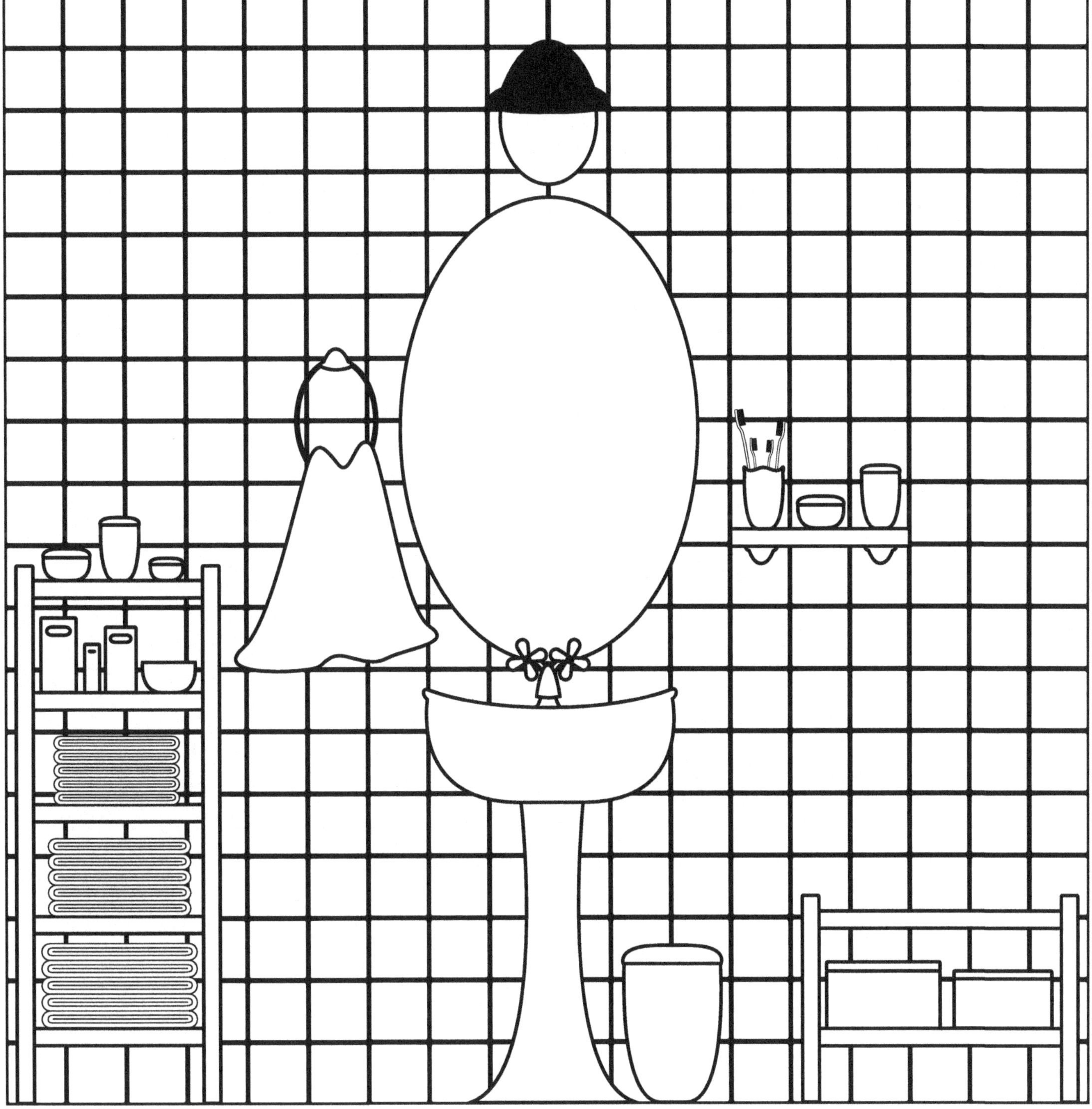

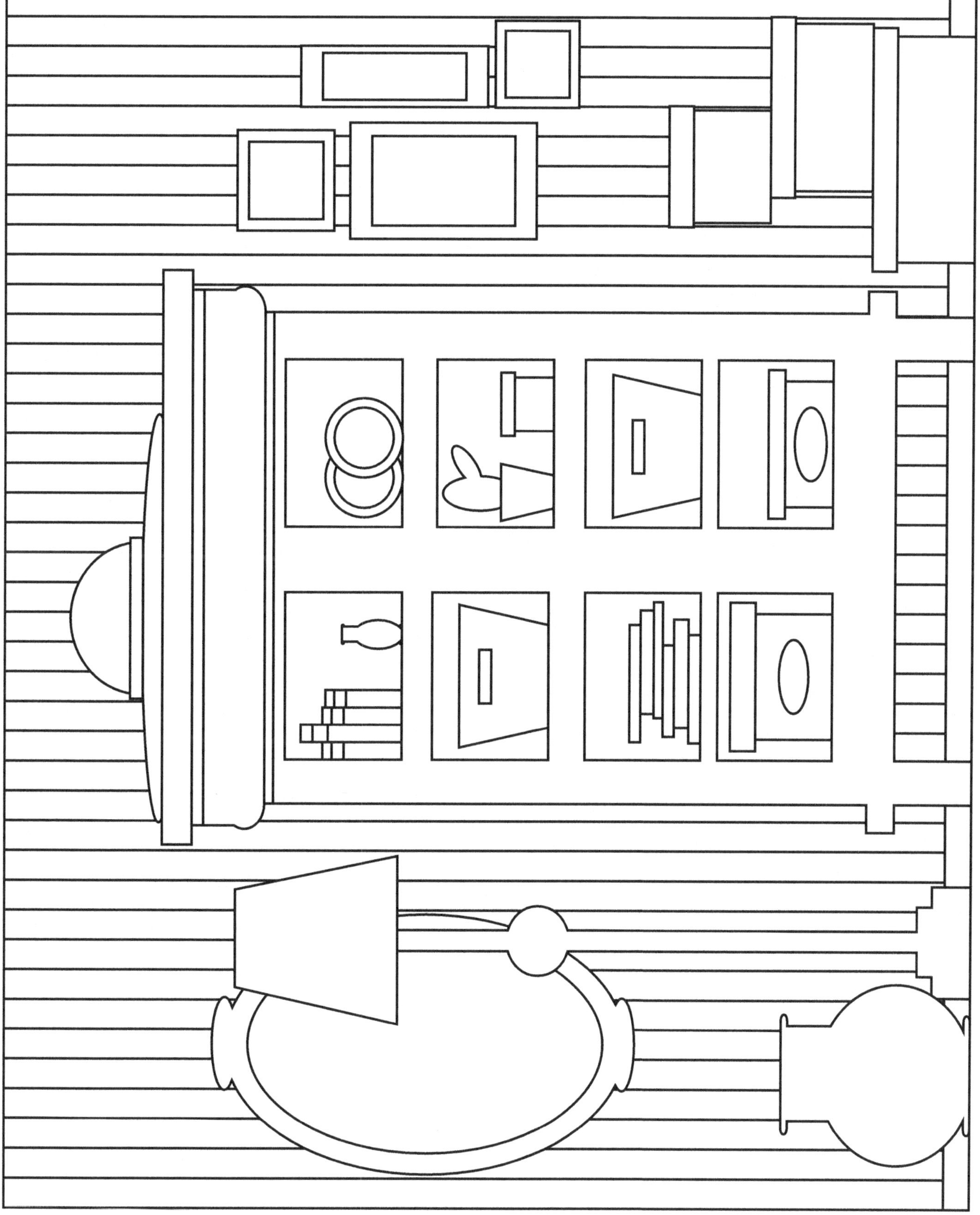

18632321R00057

Made in the USA
Middletown, DE
30 November 2018